BEI GRIN MACHT SICH IHR WISSEN BEZAHLT

- Wir veröffentlichen Ihre Hausarbeit, Bachelor- und Masterarbeit

- Ihr eigenes eBook und Buch - weltweit in allen wichtigen Shops

- Verdienen Sie an jedem Verkauf

Jetzt bei www.GRIN.com hochladen und kostenlos publizieren

Bibliografische Information der Deutschen Nationalbibliothek:

Die Deutsche Bibliothek verzeichnet diese Publikation in der Deutschen Nationalbibliografie; detaillierte bibliografische Daten sind im Internet über http://dnb.d-nb.de/ abrufbar.

Dieses Werk sowie alle darin enthaltenen einzelnen Beiträge und Abbildungen sind urheberrechtlich geschützt. Jede Verwertung, die nicht ausdrücklich vom Urheberrechtsschutz zugelassen ist, bedarf der vorherigen Zustimmung des Verlages. Das gilt insbesondere für Vervielfältigungen, Bearbeitungen, Übersetzungen, Mikroverfilmungen, Auswertungen durch Datenbanken und für die Einspeicherung und Verarbeitung in elektronische Systeme. Alle Rechte, auch die des auszugsweisen Nachdrucks, der fotomechanischen Wiedergabe (einschließlich Mikrokopie) sowie der Auswertung durch Datenbanken oder ähnliche Einrichtungen, vorbehalten.

Impressum:

Copyright © 2017 GRIN Verlag, Open Publishing GmbH
Druck und Bindung: Books on Demand GmbH, Norderstedt Germany
ISBN: 9783668605039

Dieses Buch bei GRIN:

https://www.grin.com/document/385072

Vanessa Horn

Quantitative vs. qualitative Forschungsmethoden. Ein kurzer Überblick

GRIN Verlag

GRIN - Your knowledge has value

Der GRIN Verlag publiziert seit 1998 wissenschaftliche Arbeiten von Studenten, Hochschullehrern und anderen Akademikern als eBook und gedrucktes Buch. Die Verlagswebsite www.grin.com ist die ideale Plattform zur Veröffentlichung von Hausarbeiten, Abschlussarbeiten, wissenschaftlichen Aufsätzen, Dissertationen und Fachbüchern.

Besuchen Sie uns im Internet:

http://www.grin.com/

http://www.facebook.com/grincom

http://www.twitter.com/grin_com

International University of Applied Sciences Bad Honnef
IUBH Fernstudium

**Modul:
Wissenschaftliches Arbeiten**

**Kurs:
Einführung in das wissenschaftliche Arbeiten
(BWIR01)**

**Thema:
Qualitative vs. quantitative
Forschungsmethoden**

Vanessa Horn

Inhaltsverzeichnis

I. Abkürzungsverzeichnis 3
1. Hinführen zum Thema 4
2. Entwicklung der Meilensteine 5
   2.1 Quantitative Forschung 5
   2.2 Qualitative Forschung 6
3. Gegenüberstellung der beiden Forschungsmethoden 7
4. Analyse der Gegenüberstellung der beiden Forschungsmethoden 11
5. Fazit 12
II. Literaturverzeichnis 13

I. Abkürzungsverzeichnis

bzgl.   bezüglich

z.B.   zum Beispiel

etc.   et cetera

Jh.   Jahrhundert

vgl.   vergleiche

o.J.   ohne Jahresangabe

o.V.   ohne Verfasser

vs.   versus

1. Hinführen zum Thema

Die Methoden der empirischen Sozialforschung sind ein unverzichtbarer Bestandteil sozialwissenschaftlicher Studiengänge. Die jeweilige Universität hat Einfluss auf die Auswahl der Methode und ob der Fokus eher auf der qualitativen oder quantitativen Methode liegt. Selten werden beide Forschungsmethoden im Ausbildungsplan gleichermaßen aufgenommen. Dabei spielt auch der Standort eine Rolle, denn während in Großbritannien eher die qualitativen Methoden bevorzugt verwendet werden, sind es in Holland eher die quantitativen Methoden (vgl. Baur und Blasius 2014 S. 41).

Durch die Fokussierung auf lediglich eine der beiden Methoden kam es letztendlich zu einem Methodenstreit. Daraus entstand mein Interesse nach der Frage, ob die Möglichkeit der Kombination beider Methoden besteht. Um dieser Frage nachzugehen, ist es erforderlich sich detailliert mit beiden Forschungsmethoden auseinanderzusetzen um ihre Vorgehensweisen, sowie Vor- und Nachteile zu erkennen.

Im ersten Kapitel werden zunächst die quantitative und dann die qualitative Forschung kurz dargestellt, um einen Überblick zu schaffen. Im zweiten Kapitel folgt die Gegenüberstellung der Methoden, um die differente Vorgehensweise der einzelnen Forschungsrichtung herauszuarbeiten. Im Anschluss werden die Unterschiede und Gemeinsamkeiten nochmal zusammengefasst, um in einem abschließenden Kapitel die Forschungsfrage beantworten zu können.

Da eine ausführliche Darstellung über den Rahmen dieser Hausarbeit hinausgehen würde, kann lediglich ein grober Überblick gegeben werden.

2. Entwicklung der Meilensteine

Die Entwicklung der Meilensteine der Wissenschaft gehen auf das 19. Jahrhundert zurück. Der Positivismus bzw. Empiriokritizismus[1] orientiert sich am Ideal der exakten Naturwissenschaft. Avenarius, March, Schlick und der ‚Wiener Kreis' beschränken sich auf die Diskussion methodischer Voraussetzungen der exakten Beschreibung und Erklärung von Phänomen (vgl. Wenturis, S.38 Absatz 2).
Der Positivismus [1] bekam innerhalb des ideologiebefrachteten Methodenstreites in den Sozialwissenschaften eine pejorative Bedeutung. Dies geschah aufgrund dessen, dass sich der Positivismus lediglich mit dem Gegebenen beschäftigt (vgl. Wenturis 1992 S. 39).

Im 20. Jahrhundert entsteht im Zuge der geistigen Entwicklung eine neue philosophische Richtung, die von dem Erlebten ausgeht.
Aus ihr folgt die Interpretation, dass der Mensch als Gattungswesen und als geschichtlich-gesellschaftliches Wesen zu charakterisieren ist (vgl. Wenturis 1992 S. 42).

Zunächst hat sich die quantitative Methode entwickelt und es entwickelte sich später die qualitative Methode (vgl. Wenturis 1992 S. 42).

In dem nächsten Kapitel werden die einzelnen Forschungsmethoden erläutert, definiert und veranschaulicht. Es wird darauf eingegangen, ob nur jede Methode einzeln benutzt werden kann oder aber ob man sie auch kombinieren kann.

Des Weiteren werden die Unterschiede sowie die Vorteile und Nachteile der beiden Forschungsmethoden dargestellt und aufgezeigt.

2.1 Quantitative Forschung

In der quantitativen Forschung wird ein vorab festgelegtes Muster verfolgt. Hierfür müssen die Theorien bereits zu Anfang des Forschungsprozesses bestimmt werden. Hieran angeknüpft werden anschließend die deduktiven Hypothesen abgeleitet, um sie im Forschungsprozess zu überprüfen.
Für die Überprüfung müssen eine Bildung und Abtrennung von messbaren Merkmalen kommen. Das Verfahren zur Datenerhebung, sowie die un- bzw. abhängige Variable und die Messoperationen werden dafür bestimmt. Dies erfolgt anhand eines extra geschaffenen Untersuchungsdesigns. In der Datenerhebung werden durch Messungen an der Zielgruppe, die bereits festgelegten Indikatoren in ihrem Ausprägungsgrad erfasst.
Die Auswertung findet, durch den Rückgriff auf die Kontrollgruppe, in einem statistischen Verfahren statt. Eine Signifikanzprüfung sichert den Grad des Erkenntnisgewinns ab und es folgt eine Interpretation der Ergebnisse auf das theoretische Modell erfolgt.
(vgl. Scheibler P. o.J.)

---

[1] Positivismus ist eine im 19. Und 20.Jh. von Wissenschaftlern und Philosophen verbreitete Haltung, die allein das Positive, als Letzte Instanz wissenschaftlicher Erkenntnis ansieht. Empiriokritizismus bezeichnet Unterschiedlichkeit von Ich und Umwelt, Psychischem und Physischem, d.h. die gesamte Welt besteht nur aus Empfindungen und Empfindungskomplexen.

Das bedeutet also, dass es sich bei quantitativen Daten um messbare Daten handelt, z.B. Skalenwerte, Zeitwerte, psychologische Messwerte etc.

2.2 Qualitative Forschung

In der qualitativen Forschung gibt es unterschiedlichste Erhebungs- und Auswertungsverfahren (z.B. Interviews, Einzelfallanalyse, etc.). Die Entwicklung erfolgte in unterschiedlichen fachlichen Disziplinen, zeitlichen Kontexten und wegen unterschiedlicher Zielsetzungen.
Qualitative Methoden stellen daher keine „geschlossene Gruppe" dar. Die Zugangsweise zum Forschungsgegenstand kann sich, im Gegensatz zur quantitativen Forschung, noch im Forschungsprozess ändern. Dies ergibt sich, innerhalb der Auseinandersetzung mit der Forschungsfrage, aus der gezielten Offenheit der ForscherInnen gegenüber Neuem. Durch diese Vorgehensweise wird die Entdeckung neuer Sichtweisen vorhanden sein.

Um individuelle Sichtweisen zu beleuchten, steht im Fokus des qualitativen Forschungsprozesses, dass die Probanden selbst zu Wort kommen sollen. Das stützt sich auf die Annahme, dass der Mensch ein selbstreflektierendes Wesen ist, welches als Experte für sich selbst fungiert.

Die qualitative Forschung hat zum Ziel unbekannte Phänomene zu erforschen und neue Theorien zu entwickeln. Deshalb weist sie eine starke Neigung der induktiven Vorgehensweise auf. Da diese aber nicht komplett umsetzbar ist, handelt es sich um eine „analytische Induktion" (vgl. Scheibler P. o.J.). Diese setzt sich aus induktions- und deduktionslogischen Schritten zusammen . Ihre Entfaltung zeigt sich in fast allen hermeneutischen Verfahren, allerdings spiegelt sie sich in ein wenigen anderen Verfahren wider, wie z.B. in der Grounded Theory (vgl. Strauss 1994 S. 29).

3. Gegenüberstellung der beiden Forschungsmethoden

Anhand der Tabelle 1 werden die Unterschiede zwischen der qualitativen und quantitativen Forschung oberflächlich zusammengefasst. Es geht hierbei um die groben Unterschiede, die offensichtlich sind.

Eine genauere und detaillierte Gegenüberstellung der quantitativen und qualitativen Forschung wurde in den Tabellen 2 und 3 zusammengefasst. Es handelt sich um Tabellen in denen genau auf die Handlung und Ausübung der beiden Forschungsrichtungen eingegangen wird.

	QUANTITATIVE METHODE	QUALITATIVE METHODE
Ursprung	Naturwissenschaft	Geisteswissenschaft
Methoden	- Deskriptive Statistik - Inferenzstatistik - T-Test (vgl. Rasch S. 12-13 Band 1)	- Grounded Theory - Komplexe Theorie (vgl. Strauss 1994 S. 29-31)
Forschungsphasen	1. Auswahl des Forschungsproblems 2. Formulierung Forschungsfrage 3. Planung und Vorbereitung der Erhebung 4. Datenanalyse und Auswertung 5. Darstellung der Ergebnisse (vgl. Witt 2000)	1. Konzept-Indikator-Modell 2. Datenerhebung 3. Kodierung 4. Schlüsselkategorien 5. Theoretical sampling 6. Vergleichen 7. Sättigung der Theorie 8. Integration der Theorie 10. Theorie Memos 11. Sortieren der Memos (vgl. Strauss 1994 S. 51)
Daten	- selbstgenerierte Datenbestände - Befragung mittels Fragebogen - geringe Stichprobenmenge - breite Basis für Analysemethoden (vgl. Dipl.Geogr. P. Schürrholz	- Fallstudien - Vergleichsstudien - retrospektive Studien - Momentaufnahmen - Langschnittstudien (vgl. Strauss 1994 S. 51)

7

Ziel	2008 S.17-22) - Ermittlungen statistischer Zusammenhänge - exakt quantifizierbare Ergebnisse - Große(r) Objektivität Und Vergleich der Ergebnisse	- Ansatz der Gegenstandsbegründeten Theorieentwicklung - Beschreibung, Hypothesenprüfung und Theorieentwicklung
Forschungsperspektive	(vgl. Dipl. Geogr. P. Schürrholz 2008 S. 23) Forschender als Außenseiter	(vgl. U. Flick 2015 S. 257-258) Betroffenen als Experte Seiner eigenen Welt
Grundlage	(vgl. U. Flick 2015 S. 25) - Fragebogen - Bedingungen an Befragte möglichst Konstant	(vgl. U. Flick 2015 S. 17) - konkreteres und plastischeres Bild - genaue und dichte Beschreibung - offen für Neues
Themenfelder	(vgl. U. Flick 2015 S. 25) - erfasst nur Daten, die zählbar, messbar und sammelbar sind - höhere Fall-Zahlen - geschlossene Interviewfragen (o.V. o.J.)	(vgl. Winter 2000) - Orientierung am Alltagsgeschehen oder Alltagswissen der Befragten - Unterschiedlichkeit der Perspektiven der Befragten wird berücksichtigt - Handelt mit Erkenntnisprinzip - Prinzip der Offenheit - Konstruktion der Wirklichkeit (vgl. U. Flick 2015 S.23)
Forschungsart	- Fast nur deduktiv (vgl. Hussy et al 2013)	- Fast nur induktiv (vgl. Hussy et al 2013)
Auswertung der Daten	- Statistisch-mathematisch	- Interpretierend (vgl. U. Flick 2015

		(vgl. Hussy et al 2013)	S. 23)
Grenzen der Forschung		- Individuelle Besonderheiten werden vernachlässigt (vgl. Hussy et al 2013) - keine Ursachen-Ermittlung - keine Verbesserungsvorschläge (vgl. Winter 2000)	- Hohe Anforderungen an Befragte - Relativ Zeit- und Kostenintensiv - Keine zahlenmäßige Menge (vgl. Winter 2000)
Hypothese oder Forschungsfrage		- Beginnt mit Hypothese, die direkt untersucht werden kann (vgl. Schreiber o.J.)	- beginnt mit weniger Präzisen Fragen, keine Hypothese nötig, aber Forschungsfrage (vgl. Schreiber o.J.)
Subjektivität		- Subjektivität als Störfaktor (vgl. Strauss 1994)	- Subjektive Perspektive ist Wichtiger Bestandteil (vgl. Strauss 1994)

Tabelle 1: Quantitative und qualitative Methoden gegenübergestellt, eigene Darstellung

Durch diese Tabelle wird deutlich, dass die quantitative Forschung aus der Naturwissenschaft stammt. Sie sammelt Daten durch Befragungen, geringen Stichproben und Selbstgenerierten Datenbeständen. Mit ihr werden statistische Zusammenhänge ermittelt, quantifizierbare Ergebnisse festgehalten und eine große Objektivität, sowie ein großer Vergleich der Ergebnisse geboten. Sie ist meist deduktiv, untersucht eine Hypothese und stellt diese statistisch-mathematisch dar.

Die qualitative Forschung hingegen entstand aus der Geisteswissenschaft. Sie arbeitet mit Fallstudien, Vergleichsstudien, Momentaufnahmen etc. Ihr Ziel ist es den Ansatz der gegenstandsbegründeten Theorie Entwicklung, die Beschreibung von Hypothesenprüfungen und die Theorie Entwicklung darzustellen. Sie ist meist induktiv und interpretierend.

QUANTITATIVE FORSCHUNG	QUALITATIVE FORSCHUNG
Labor	gewohnte Umgebung
Elementarisch	Holistisch
Deduktives Vorgehen	Analytisch induktives Vorgehen
Vor Untersuchungsbeginn wird Vorgehensweise festgelegt	Emergent flexibles Design
Ziel: Kausalerklärung	Ziel: Beschreibung und Verstehen
Numerische Daten	Interpretationsbedürftige Daten
Standardisierte, objektive Messinstrumente	Forschende als „Messinstrumente"
Statistische Verallgemeinerung	Theoretische Verallgemeinerung
Objektivität als Gütekriterium Reliabilität der Validität	Gütekriterien der Validität

Tabelle 2: Differenzierung quantitative und qualitative Forschung, Anlehnung an Hussy et al. (2013)

Die quantitative Forschung gilt als eher objektbezogen, sie möchte Erklärungen liefern und Ursache-Wirkungszusammenhänge nennen. Die qualitative Forschung hingegen ist eher interpretierend und das subjektbezogene Verstehen rückt daher in den Vordergrund (vgl. Hussy et al 2013). Weitere Eigenheiten sind das Untersuchungsfeld (Labor vs. natürliche Umgebung), die Datenform (numerisch vs. textbasiert) oder die Auswertungsmethoden (statistisch vs. interpretativ).

Die Vorteile der quantitativen Forschungsmethode sind die große Objektivität und Vergleich der Ergebnisse, exakt quantifizierbare Ergebnisse, Untersuchung von Stichproben ist möglich, geringer Zeit- und Kostenaufwand, hohe externe Validität und die Ermittlung von statistischen Zusammenhängen.

Die Nachteile der quantitativen Forschungsmethode sind keine Verbesserungsvorschläge, keine Flexibilität durch Standardisierung der Untersuchungssituation und keine Ursachenermittlung.

Die Vorteile der qualitativen Forschungsmethode sind tieferer Informationsgehalt durch offene Befragung, flexible Anwendung, persönliche Interaktion gibt die Möglichkeit Unklarheiten zu beseitigen, hohe inhaltliche Validität und die Offenheit ermöglicht es neue, unbekannte Sichtweisen zu entdecken.

Die Nachteile der qualitativen Forschung sind hohe Ansprüche an Interviewer bzw. Beobachter, sie ist Zeit-und Kostenintensiv und benötigt eine sehr aufwendige Auswertung. (vgl. Winter 2000).

4. Analyse der Gegenüberstellung der beiden Forschungsmethoden

Aus den Tabellen 1-3 gehen einige Unterschiede der Forschungsrichtungen hervor. ForscherInnen müssen sich dementsprechend im Vorfeld darüber im Klaren sein, welche Daten sie erheben und auswerten möchten. Daraus ergibt sich dann die Wahl der Forschungsrichtung.

Hat er sich für eine Richtung entschieden, so muss er eine Reihe weitere Entscheidungen treffen. Eine große Frage ist die nach dem Forschungsdesign (Tabelle 1, Methoden). Des Weiteren muss festgelegt werden mit welcher Datenanalyse er die Daten erhalten möchte. Auch spielt die Art des Auswertungsverfahrens eine nicht unerhebliche Rolle (Tabelle 1 und 2).

Es ergeben sich für beide Forschungsrichtungen Vor- und Nachteile. In der quantitativen Forschung wird nicht auf das Individuelle des Befragten eingegangen, in der qualitativen Forschung ist nichts messbares, keine zahlenmäßige Darstellung, möglich.

Außerdem spielen Kostenfrage und Zeitaufwand eine nicht unbedeutende Rolle. Während die qualitative Forschung mehr Zeit und höhere Kosten in Anspruch nimmt, ist bei der quantitativen Forschung im Gegenzug keine Flexibilität bei der Untersuchung möglich.

Einige ForscherInnen sind der Meinung, dass exakte und zählbare Werte von größerer Wichtigkeit sind, als individuelle Daten und deren tieferer Informationsgehalt.

Anhand dieser Unterschiede, ist es wichtig zu Anfang der Forschung bereits zu fragen, welche Daten man mit Hilfe welcher Methoden erhalten möchte, um sich direkt auf quantitativ oder qualitativ festzulegen.

Die aufgeführten Unterschiede lassen die Notwendigkeit deutlich werden, sich zu Beginn der Forschung die Frage zu stellen, welche Daten unter Heranziehen welcher Methode erhoben und anschließend ausgewertet werden sollen, um eine Entscheidung hinsichtlich quantitativer oder qualitativer Forschung zu treffen.

5. Fazit

Die Entstehung der beiden Forschungsrichtungen warf die Frage auf, ob die tatsächliche Wissenschaft Fläche für Spekulationen zu ließ (Methodenstreit, vgl. Schaffer 1994 S. 59).

Zur Beantwortung der Fragestellung kann folgendes festgehalten werden:

Dass sich ein merklicher Unterschied hinsichtlich der Faktoren Universität, Denkerschulen und Lehrort feststellen lässt. Diese Feststellung konnte während der Literaturrecherche für diese Hausarbeit bestätigt werden.

Des Weiteren ließ sich erkennen, dass qualitative Daten nachträglich noch quantifiziert werden, wenn von einem Teil ihrer Bedeutung abgesehen wird und sie in eine ‚abstrakte Form' (vgl. Witt 2001) gebracht werden können. Zum anderen kann bei einer weiteren Mischform die Zuordnung der qualitativen Daten formuliert werden, allerdings mit Verzicht auf das zuordnen der Zahlen.

Eine umgekehrte Mischform, quantitativ in qualitativ ist nicht möglich. Abstrakte Zahlen können später keine Bedeutungsvielfalt erhalten. Allerdings können in derselben Analyse sowohl qualitative als auch quantitative Daten vorhanden sein. Diese Daten sind daher aber weder quantitativ noch qualitativ (vgl. Witt 2001).

Die Kombination von qualitativen und quantitativen Methoden macht dann Sinn, wenn man die Vorteile der beiden Methoden nutzen möchte wie z.B. hinsichtlich einer qualifizierten Vorstudie, bei der die Beurteilungskriterien eines Sachverhaltes später quantifiziert werden (vgl. Winter2000).

Durch den Methodenmix ergibt sich, dass quantitative Forschung mit der qualitativen Forschung nicht kombinierbar ist, da den Zahlen nachträglich keine Individualität hinzugefügt werden kann.

Die qualitative Forschung aber kann mit der quantitativen Forschung kombiniert werden. Individuelle Daten lassen sich grundsätzlich immer in z.B. Diagramme umwandeln.

Meiner abschließenden Meinung nach sollten die beiden Forschungsmethoden nicht in Konkurrenz stehen, sondern als Ergänzung oder Alternative genutzt werden.

II. Literaturverzeichnis

Baur N./Blasius J. (2014): Handbuch Methoden der empirischen Sozialforschung

Flick U./Von Kardoff E./Steinke I. (2015): Qualitative Forschung

Hussy W./Schreier M./Echterhoff G. (2013): Forschungsmethoden in Psychologie und Sozialwissenschaften

Kutscher N. (2004): Qualitative und quantitative Verfahren

Abgerufen am 20. März 2017 von

http://www.uni-bielefeld.de/Universitaet/Einrichtungen/Zentrale%20Institute/IWT/FWG/Jugend%20online/qualitativ.html

o.V. (o.J.): Was unterscheidet qualitative und quantitative Methoden?

Abgerufen am 20. März 2017 von http://www.forschenlernen.jetzt/faq/entries/1045.php

Oelkers J. (2012): Geisteswissenschaftliche Didaktik und empirische Forschung

Fachspezifische empirische Unterrichtsforschung in den Geistes-

und Sozialwissenschaften

Abgerufen am 20. März 2017 von

https://www.ife.uzh.ch/dam/jcr:00000000-4a53-efcc-ffff-ffffd1cdf459/Geisteswissenschaftliche_Didaktik.pdf

Rasch B./Friese M./Hofmann W./Naumann E. (2009): Quantitative Methoden Band 1

Schaffer Hanne (o.J.): Empirische Sozialforschung

Scheibler P. (o.J.): qualitative vs. quantitative Forschung

Abgerufen am 20. März 2017 von

https://studi-lektor.de/tipps/qualitative-forschung/qualitative-quantitative-forschung.html

Dipl. Geogr. P. Schürrholz (2008): Der Forschungsprozess in der quantitativen Sozialforschung

Abgerufen am 11. März 2017 von http://www.philo.uni-augsburg.de/downloads

Strauss A.L. (1994): Grundlagen qualitativer Sozialforschung

Wenturis N./Van hove W./Dreier V. (1992): Methodologie der Sozialwissenschaften

Winter Stefanie (2000): Qualitative vs. Quantitative Methoden

Abgerufen am 20. März 2017 von

http://www.nosnos.synology.me/MethodenlisteUniKarlsruhe/imihome.imi.uni-karlsruhe.de/nquantitative_vs_qualitative_methoden_b.html

Witt H. (2001): Forschungsstrategien bei quantitativer und qualitativer Sozialforschung

Abgerufen am 20. März 2017 von

http://www.qualitative-research.net/index.php/fqs/article/view/969/2114

BEI GRIN MACHT SICH IHR WISSEN BEZAHLT

- Wir veröffentlichen Ihre Hausarbeit, Bachelor- und Masterarbeit

- Ihr eigenes eBook und Buch - weltweit in allen wichtigen Shops

- Verdienen Sie an jedem Verkauf

Jetzt bei www.GRIN.com hochladen und kostenlos publizieren